AF382745
Selena Aether présente :
MERVEILLES ENCHANTÉES
LIVRE DE COLORIAGE ADULTE

© 2024, Selena Aether

Édition : BoD · Books on Demand, 31 avenue Saint-Rémy, 57600 Forbach, bod@bod.fr

Impression : Libri Plureos GmbH, Friedensallee 273, 22763 Hamburg (Allemagne)

ISBN : 978-2-8106-2954-1
Dépôt légal : Février 2025

FSC
www.fsc.org
MIXTE
Papier issu
de sources
responsables
Paper from
responsible sources
FSC® C105338

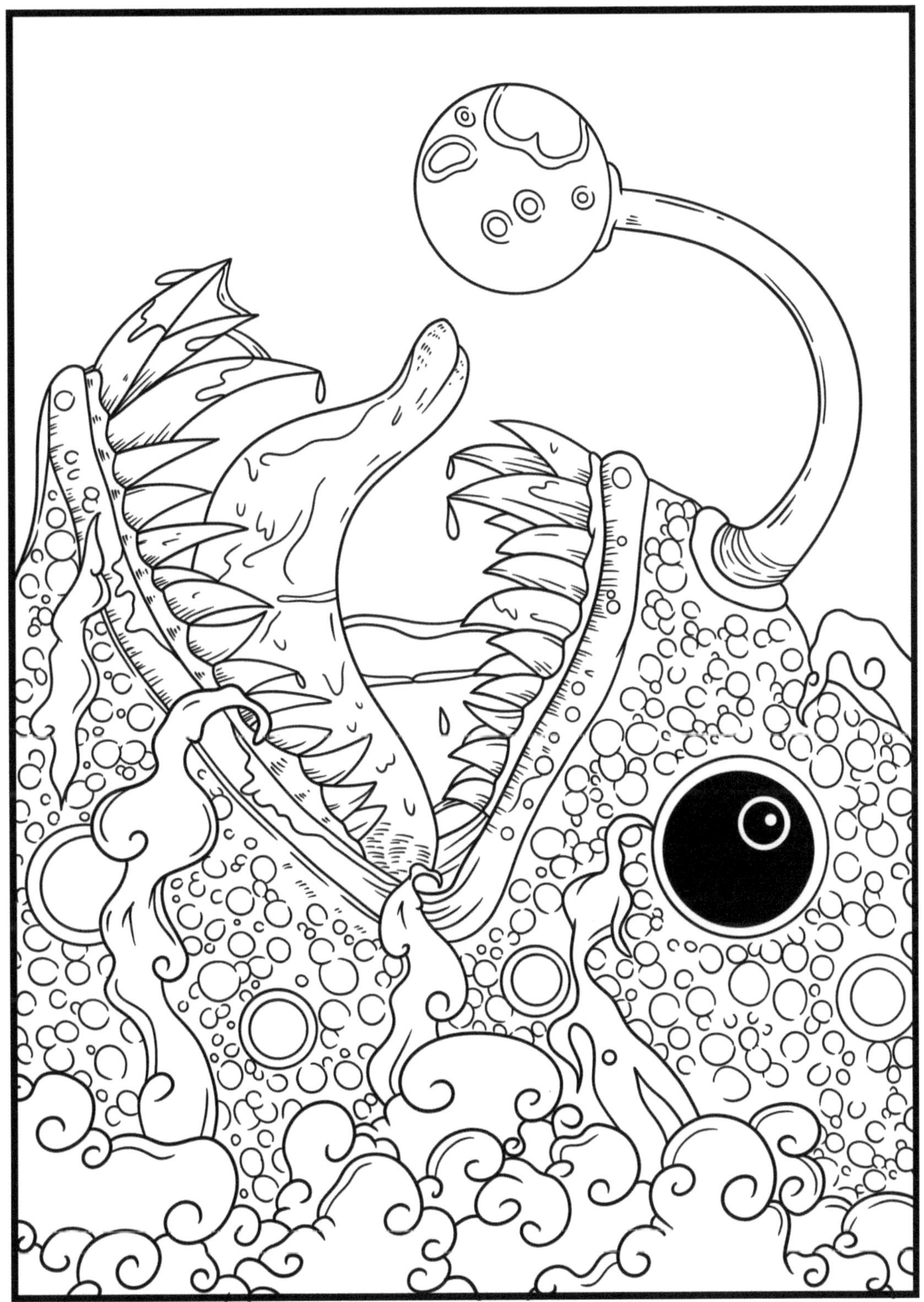